DE L'INTERVENTION DES ÉTRANGERS DANS LE GOUVERNEMENT DE LA FRANCE.

Pourquoi le souffrir ?

PARIS,

A LA LIBRAIRIE UNIVERSELLE

DE P. MONGIE L'AÎNÉ,

BOULEVART POISSONNIÈRE, N°. 18.

1819.

DE L'INTERVENTION

DES ÉTRANGERS

DANS LE

GOUVERNEMENT DE LA FRANCE.

Toutes les fois, qu'il a été question d'un changement de ministres, et toutes les fois que ce changement a été annoncé comme étant dans l'intérêt de le faction antinationale, on nous a menacés des étrangers. En mainte autre occasion, on a cherché à nous faire craindre leur intervention dans le gouvernement de la France; les ministres eux-mêmes en ont fait une espèce d'épouvantail, dont ils se sont servi à défaut de raisons, pour répondre aux objections qu'on leur adressait. S'agissait-il de l'élection de tel ou tel défenseur de nos droits politiques, ce choix déplaisait aux étrangers; s'agissait-il de la liberté de la presse, qu'on trouvait suffisamment établie par la loi du 9 novembre, et que des députés patriotes demandaient selon la charte, les étrangers s'y refusaient; ils craignaient l'expression de l'opinion publique en France ; voulait-on le maintien d'une loi, qui n'est qu'une conséquence de la charte, c'était aux étrangers qu'il fallait s'en prendre des modifications qu'y proposaient les hommes qui, dès long-temps, leur sont vendus ; demandait-on le rappel des Français bannis sans jugement ce qui n'empêche pas, qu'ils ne le soient sans motif, les étrangers étaient là pour répondre le *non* ou le *jamais* fatal ; enfin s'opposait-on à des mesures illégales ; arbitraires, réclamait-on justice pour quelque cause et dans quelque lieu que ce fût, on attirait les étrangers sur notre pays, déjà trop malheureux ; l'invasion était imminente, ils étaient tout prêts : s'ils tardaient encore, c'était par pure condescendance pour le monarque, c'était par courtoisie.

Assez et trop long-temps on nous a effrayés de leur secours, assez et trop long-temps ces alliés si chers ont été pour nous un juste sujet d'irritation. Le prix qu'ils ont mis aux services qu'ils nous ont rendus (si ce sont des services), a dû nous inspirer quelque défiance ; nous devons souhaiter de n'être jamais obligés d'implorer leur assistance ; et c'est ce qui arrivera, je l'espère ; du moins dépend-il de nous de refuser jusqu'à leurs présens, quoiqu'ils ne soient pas des

Grecs. Il est vrai qu'un moment ils durent nous paraître redoutables : restés sur nos frontières, sans doute pour notre bien; ils n'avaient qu'un pas à faire, et nous passions de nouveau sous les fourches caudines. Mais cet heureux temps n'est plus; nous n'avons plus de restaurations à craindre; nous possédons la dynastie légitime

C'est une vérité qu'on semble dédaigner ou qu'on n'ose dire, et c'est une vérité dont on ne saurait cependant trop se pénétrer. Pourquoi donc les écrivains dont la tâche honorable est de nous garder contre les invasions du pouvoir, invasions qui, par leurs résultats, en valent quelquefois d'autres; pourquoi, dis-je, ces écrivains n'abordent-ils jamais la véritable question : Sommes-nous ou ne sommes-nous pas ? Ils soutiendraient bien plus efficacement leurs principes, en les appuyant d'une force que personne ne peut révoquer en doute, la force nationale. Est-ce timidité? est-ce aveuglement de leur part? Quoi! le salut de la France tiendrait à la faveur dont jouirait tel ou tel ministre! la retraite de tel ou tel replongerait la France dans l'horrible chaos de 1815! On nous fera croire que le caprice de M. Decazes ou l'instinct de sa propre conservation, suffirait pour nous perdre ou nous sauver! S et homme

4

d'état reste doctrinaire, nous pouvons espérer un commencement d'exécution de la charte; s'il se fait ultrà, nous sommes sous le régime des cours prévôtales et des commissions militaires ! Les conférences du pavillon M.... et les menées des auteurs de notes secrètes suffiront pour nous faire perdre le fruit de trente ans de révolution ! Les congrès et les diètes, les diplomates allemands et leurs stupides décisions, nous obligeront à rayer de nos tables la loi fondamentale qui consacre nos libertés !.. Mais, en vérité, c'est vouloir par trop abuser de la crédulité, ou plutôt c'est compter sur l'abrutissement de la nation. Dire aux Français : prenez garde! si vous ne changez votre loi des élections, vous aurez affaire à l'autocrate de toutes les Russies ; si vous élisez M. Grégoire, vous serez fustigés par le roi de Prusse; si vous demandez des administrations municipales, vous encourrez la disgrâce de l'électeur de Hesse ; si vous réclamez l'institution du jury, vous serez en guerre avec un margrave ; si vous voulez une garde nationale, vous aurez à soutenir les agressions du gouvernement de Fribourg qui veut, bon gré malgré, que vous voyez gardés par des Suisses ; si vous turlupinez ses missionnaires, si vous les montrez tels qu'ils sont, c'est-à-dire, comédiens et hypocrites, vous perdrez le comtat d'Avignon, que le pape enverrait conquérir par ses soldats en parasol…. Tenir un semblable langage, c'est dire aux Français : Le roi d'Espagne vous déclarera la guerre si vous tirez un cordon de sûreté sur vos frontières, afin d'éviter la peste, ou l'inquisition , pire que la peste.

Non, de telles misères ne peuvent plus être entendues ; non, de tels fantômes ne peuvent plus nous effrayer. C'est de la raison, c'est de la justice qu'il nous faut ; c'est notre raison , c'est le sentiment de la justice que nous opposerons aux turpitudes d'une faction ou à l'envahissement du pouvoir. Le règne des lois d'exception est passé , la charte seule doit être notre boussole, le retour au gouvernement de 1815 est aussi impossible que le serait le retour aux fureurs de 93. Déjà quelques lois assurent l'exécution de plusieurs dispositions de la charte; ces lois ne sont point transitoires, elles sont la conséquence du pacte conclu entre le pouvoir exécutif et la nation : y toucher serait ébranler tout l'édifice ; on ne peut plus qu'y ajouter, et la tâche est déjà assez imposante. Les hommes monarchiques voudraient , je le sais, détruire ce qui a été fait, revenir à un système de gouvernement plus favorable à leurs anciens priviléges, faire revivre l'inégalité parmi les citoyens, et, sous d'autres noms peut-être, ramener le régime féodal dans toute sa pureté. Mais il en sera de ces clameurs comme des cris impuissans qu'ils ont jetés sur les ventes de biens nationaux ; le résultat sera, pour eux, la honte de s'être montrés un peu plus anti-français qu'on ne le croyait encore. Ils ont beau se dire nombreux et forts, ils ne prouveront que leur isolement et leur faiblesse. Il faut autre chose qu'un article du *Conservateur* ou de la *Quotidienne* pour faire triompher les ténèbres ; il faut l'assentiment du plus grand nombre, il faut la volonté de la nation sans laquelle tout n'est rien. Nous n'en sommes plus à ces époques de gouvernemens barbares où les hommes étaient conduits comme des troupeaux dociles, où le citoyen le plus utile était le plus surchargé d'impôts, où un nom précédé d'une particule suffisait pour être exempté des charges publiques, où, enfin, l'inégalité la plus révoltante existait dans toutes les classes de la société. Les Français savent aujourd'hui, et ils ne l'oublieront pas, que tous sont égaux devant la loi, qu'aucun privilége n'est conservé ; que l'ancien seigneur n'a plus de droits sur le vilain ; qu'on n'envoie plus un homme aux galères pour avoir chassé sur ses terres ; ils savent, et ils ne l'oublieront pas ; qu'aucune mesure administrative ; civile ou militaire , ne peut être prise qu'en vertu de la loi ; qu'aucun citoyen ne peut être détenu sans jugement ; qu'il ne doit obéissance qu'à la loi , et que par conséquent il doit résister au pouvoir lorsque celui-ci agit contre la loi. Les Français n'ignorent pas qu'ils ne possèdent point encore toutes les institutions nécessaires pour compléter leur code ; mais ils ont nommé des députés chargés de demander et de discuter les lois qui leur manquent , et ils ne permettront pas que celles qui existent déjà soient révoquées.

Mais pourquoi cette crainte à l'approche d'un changement de ministres ? pourquoi cette torpeur, lorsqu'il n'y a point de danger imminent ? pourquoi cette stagnation dans les affaires ? pourquoi cet effroi général ? Tout cela peut facilement s'expliquer.

Sans avoir le sentiment de sa propre faiblesse, on peut redouter le combat ; malgré l'apparence la mieux fondée d'un succès, on peut craindre la lutte. Une crise quelconque est pour beaucoup de gens un événement ter-

ɢible : tant d'intérêts existent de par le monde !
C'est surtout pour le commerce qu'un état de
choses durable est nécessaire. Presque toutes
les transactions, tous les contracts sont fondés
sur la stabilité de ce qui est ; le moindre changement dans la direction des affaires publiques,
peut causer un bouleversement dans certaines
affaires particulières. Il n'est donc pas étonnant
de voir un calme plat à la bourse, au moindre
bruit d'une mutation des ministres. On pense
d'abord à soi ; et on a peur ; mais si l'on tremble alors, on ne tremble que pour soi ; la patrie n'est pour rien dans ces terreurs passagère :
on peut craindre de perdre ses richesses, sans
songer à la ruine de l'état ; et je n'eutends pas
ici par l'état, ce qui n'est que le pouvoir. Cette
première impression est donc assez naturelle ;
mais on aurait tort de lui donner une importance
qu'elle n'a pas. Assurément il n'est personne
qui ne reconnaisse que l'intérêt de l'individu,
ne doit pas être confondu avec l'intérêt de tous ;
ce serait conclure du particulier en général.
Un commerçant peut craindre pour sa fortune,
sans désespérer du salut de son pays, et en effet
le pays ne peut jamais périr.

Examinons cependant quels pourraient être
les motifs d'une invasion nouvelle de la part

de l'étranger, ou d'un retour au régime de 1815, de la part du gouvernement.

Lorsqu'en 1814 toute l'Europe fondit sur la France, elle avait pour prétexte la guerre qu'elle faisait à celui qui avait saccagé l'Europe durant plusieurs années. Elle avait ce prétexte, mais elle n'en avait point d'autres ; car jusqu'à la délibération du sénat qui rappelait Louis XVIII au trône de France, les Bourbons n'étaient point mis en avant par les étrangers, et je ne le remarque que pour l'exactitude.

Louis XVIII profita de la chute de Napoléon pour remonter sur le trône de ses pères (je me sers d'une expression consacrée), et voilà ce qu'on appelle la première restauration (ce que je ne conteste pas ; ne voulant point disputer sur les termes). Mais ce ne fut point pour rétablir les Bourbons sur le trône, que les alliés portèrent chez nous leurs armes. Ce fut pour détrôner Napoléon et uniquement pour l'abattre. Les rois étrangers, loin de méconnaître la volonté de la nation, ne voulurent même rien insinuer sur le choix qu'elle devait faire, et ce ne fut qu'après l'acte du sénat *conservateur*, que les négociations furent ouvertes avec Louis-Stanislas-Xavier pour l'acceptation d'une constitution. Ceci est historique.

Si nous abordons ce qu'on appelle la seconde restauration, nous serons également obligés de distinguer entre le retour des Bourbons avec l'armée ennemie, et le véritable motif qui ramenait la coalition en France. Nul doute que les rois étrangers, amis de Louis XVIII, n'eussent à cœur de le replacer sur le trône que Napoléon avait occupé une seconde fois; mais le principal motif de cette dernière invasion était encore, et la chose est palpable, la perte de Napoléon qui, au temps de sa splendeur, et pour notre ruine, avait eu le tort impardonnable de battre Prussiens, Russes, Autrichiens, les uns après les autres ou tous à la fois.

Et c'est ici le lieu de repousser un reproche souvent, mais injustement, adressé au roi et à sa famille, celui d'avoir ramené l'étranger dans notre patrie. Il est évident que si Louis XVIII a profité de la coalition ennemie, elle ne s'était formée que contre Napoléon. Si jamais l'histoire de ce temps est écrite avec impartialité, elle proclamera cette vérité.

Eh bien, que dirait donc aujourd'hui cette même coalition pour motiver une invasion nouvelle? Le roi est-il fugitif? faut-il lui reconquérir son trône? un usurpateur s'en est-il emparé? la faction monarchique est-elle parvenue à détrôner le monarque? Non! rien de tout cela n'existe. Louis XVIII est aux Tuileries, et Napoléon à Sainte-Hélène. Qui ramènerait donc les étrangers parmi nous? La consolidation du pouvoir royal? mais il n'y sera jamais porté atteinte, s'il reste toujours fidèle à la charte. Des conseils à donner au roi constitutionnel par le roi de Prusse ou l'empereur de Russie, le prince régent ou l'empereur d'Autriche? mais, pour cela, il faudrait que leurs majestés étrangères eussent appris ce que c'est qu'un gouvernement représentatif; et, dans cette cisconstance, s'il y avait des leçons à recevoir, ce serait au roi des Français à les donner. Des remontrances sur la trop grande liberté dont nous jouissons et l'invitation d'accéder aux décisions de la diète germanique? Mais de quoi se mêlerait-on là-bas? Allons-nous dire à chacun de ces potentats, qu'il gouverne ses peuples en dépit de la justice et de l'humanité, qu'il rend esclaves des hommes à qui il doit la liberté? Allons-nous les menacer d'insurrections, s'il ne changent une marche diamétralement opposée avec la raison et les lumières qui, grâces à la France, éclairent aujourd'hui toute l'Europe? Allons-nous prouver aux auteurs de la commission inquisitoriale de Mayence qu'il n'y a ni génie, ni esprit à inventer des tortures et des cachots; qu'on n'est point homme d'état parce qu'on est barbare, et que Ferdinand VII est libéral au prix de leurs excellences? Non! nous restons *chez nous*, nous voulons y rester; mais nous voulons aussi et nous devons y être maîtres. Ce n'est pas cependant que le sort des Allemands ne doive nous toucher aujourd'hui; ils sont hommes, et à ce titre ils méritent nos vœux pour un état moins insupportable. Mais là se borne en ce moment notre mission; leur propre énergie peut seule amener leur délivrance.

Quant au régime de 1815, ne le craignons plus; il est passé à jamais. Les élémens de discorde n'existent plus en assez grand nombre; nous n'avons plus de chambre *introuvable*. Des insensés, de qui on veut bien oublier les fautes, soupirent encore, il est vrai, après les cours prévôtales et les exécutions *promptes* et *efficaces* qui en sont inséparables; il se trouverait encore aujourd'hui des hommes assez indignes de ce nom, pour appuyer les catégories de M. le comte de la Bourdonnaye, et pour s'écrier avec lui : *Il faut des fers, des bourreaux, des supplices, la mort! la mort !... Dé-*

fenseurs de l'humanité, sachez repandre quel-
ques gouttes de sang !... (1) Mais ces hommes
sont heureusement en minorité. Nos représentans, ceux-là qui sont véritablement pénétrés de
leurs devoirs, ne consentiront point à des lois
d'exception, ils ne tourneront leurs efforts que
vers l'achèvement de l'édifice constitutionnel,
dont la charte est la base, et ils ne se repose-
ront que lorsqu'ils en auront obtenu toutes les
conséquences.

D'ailleurs quel profit le gouvernement pour-
rait-il se promettre d'un tel changement? Est-
ce en rétrogradant qu'il pourrait assurer son af-
fermissement? Il n'est pas besoin d'être homme
d'état ou doctrinaire, ce qui signifie autre
chose, pour savoir qu'on ne gouverne pas les
hommes par le mensonge ou le manque de foi.
C'est dans l'intérêt du pouvoir actuel qu'il faut
maintenir les institutions en vigueur, et hâter
l'établissement de celles qui nous manquent;
c'est dans l'intérêt du pouvoir qu'il faut mettre
un terme à ces tergiversations dont on semble
avoir fait un système de gouvernement, et qui
ne peuvent donner que de fâcheux résultats;

---

(1) Paroles de M. le comte de la Bourdonnaye, à la
séance du 11 novembre 1815.

c'est dans l'intérêt du pouvoir qu'il faut écouter la voix de la nation qui lui confie les siens; et c'est conspirer contre le pouvoir, que de conspirer contre cette même nation dont la destinée est de survivre à tous les gouvernans. L'inhabileté, le despotisme peuvent faire expirer le pouvoir; la nation ne meurt jamais.

Que si, malgré tant et de si puissantes raisons pour le maintien de la charte et la prompte discussion des lois qu'elle commande, le gouvernement persistait dans sa marche oblique, et, pour ainsi dire, menaçante, ce serait aux députés à réclamer, à exiger ce qu'on aurait dû s'empresser de leur offrir. Il ne s'agit point ici d'empiétement sur l'autorité du roi; il s'agit, au contraire, d'un accroissement de son pouvoir, car, comme il n'en reçoit que de la loi, plus le code de nos lois sera complet et plus son pouvoir sera étendu. Tous les raisonneurs du ministère, tous les écrivains à ses gages, essaieraient en vain de détruire cette conclusion. Le gouvernement représentatif n'est point une théorie subtile; il s'explique en deux mots : la souveraineté des trois pouvoirs à qui la charte a donné le droit et la mission de faire des lois. Et nous pouvons remarquer combien on dénature l'acception du mot *souverain* lorsqu'on l'applique au monarque seul. La toute-puissance n'appartient pas plus exclusivement au chef de l'état, qu'elle n'appartient à la chambre des pairs ou à la chambre des députés exclusivement. Chacun de ces trois pouvoirs en possède sa part, puisque le concours des trois est nécessaire pour la confection d'une loi. Seulement il y a cette différence que la représentation nationale doit l'emporter dans l'occasion, parce qu'elle a pour elle la nation qu'elle représente. Sous l'empire d'un régime constitutionnel, comme celui sous lequel nous vivons, tout doit donc s'abaisser devant la loi; le monarque n'est pas exempt de cette obéissance. Toutefois, on doit au roi la déférence qu'exige sa position comme chef de l'état ; nous devons faire ce qu'il ordonne tant qu'il est le fidèle interprète de la loi. Mais par la même raison nous n'appartenons qu'à celle-ci ; les mots de *maître* et de *sujet* sont sans application dans notre gouvernement. Ailleurs les hommes sont faits pour les rois ; en France les rois sont faits pour les hommes. Le grand-turc, l'autocrate des Russies et plusieurs autres gouvernans sont souverains ; ils peuvent dire *nos* peuples. Le roi de France n'est qu'une partie du souverain; il dit *mes enfans*, pour dire mes ouverain ;...

J'ai avancé que nos représentans seraient fidèles à leur mandat; il est doux de pouvoir se confirmer dans cette opinion, à la vue des nouveaux élus. Si, cependant, il se faisait trop de concessions; si la chambre laissait empiéter sur ses droits; si le pouvoir ressaissisait l'arme du despotisme; si ce qu'on appelle la diplomatie, et ce que je j'appelle la *police brodée*, quoiqu'en ait dit M. de Talleyrand, qui ne voulait pas qu'un ambassadeur fût accessible à la corruption (et tout le monde sait que M. de Talleyrand se connaît en corruption); si la diplomatie s'agitait encore, et troublait notre tranquillité, ce serait aux citoyens à s'en plaindre dès le premier instant, et sans attendre que le danger fût certain; ce serait aux citoyens à faire retentir à l'oreille de leurs représentans cet avertissement salutaire : on porte atteinte à nos garanties constitutionnelles, pourquoi le souffrir?

IMPRIMERIE DE FAIN, PLACE DE L'ODÉON.